A+ books
BILINGÜE/BILINGUAL

Animales opuestos/Animal Opposites

Largos, cortos y pequeños

Un libro de animales opuestos

Long and Short

An Animal Opposites Book

por/by Lisa Bullard

Traduccíon/Translation: Dr. Martín Luis Guzmán Ferrer
Editor Consultor/Consulting Editor: Dra. Gail Saunders-Smith
Consultor de Contenidos/Content Consultant: Zoological Society of San Diego

Capstone press
Mankato, Minnesota

Some animals grow longer than a minivan.
Others are shorter than a jelly bean.
Let's learn about long and short by looking
at animals around the world.

Algunos animales pueden llegar a ser más largos que un microbús. Otros animales son más pequeños que un frijolito de jalea. Vamos a aprender acerca de lo largo, lo corto y lo pequeño.

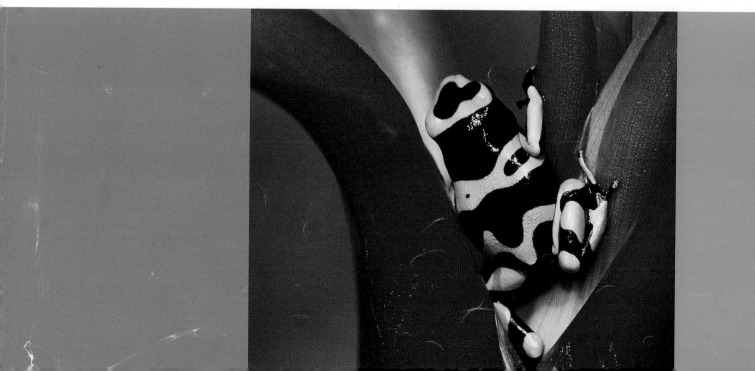

Long/ Largos

Pythons are the world's longest reptiles. Some stretch more than 30 feet.

Las serpientes pitón son los reptiles más largos del mundo. Algunas pueden estirarse más de 30 pies.

Horseshoe bats are some of the world's shortest mammals. They're about the size of a person's big toe.

Los murciélagos de herradura se encuentran entre los mamíferos más pequeños del mundo.
Son como del tamaño del dedo gordo de una persona.

Long/
Largos

Look up, up, up
to see the top of
a giraffe's long neck.

Mira bien arriba
hasta que puedas
ver la parte superior
del largo cuello de
la jirafa.

6

Short/ Cortos

Meerkats have short necks.
They sit up to look out for
other animals.

Los suricatos tienen el cuello corto.
Se sientan en sus patas traseras
para buscar con la vista a
otros animales.

Long/Largos

A chameleon's tongue
is longer than its body.

La lengua del camaleón
es la parte más larga
de su cuerpo.

A chameleon uses its sticky
tongue to catch flies to eat.

Un camaleón usa su pegajosa
lengua para atrapar las
moscas que se come.

Short/ Pequeños

Flies have short bodies. They are just the right size for a chameleon to snack on.

Las moscas tienen cuerpos pequeños. Son justo del tamaño de un bocadillo para los camaleones.

Long/Largos

Moray eels are fish
with long skinny bodies.

Las morenas son peces con
cuerpos largos y flacos.

Moray eels hide in rocks or
coral reefs. They jump out at
tasty fish swimming by.

Las morenas se esconden en
los arrecifes de coral. Saltan
para pescar los sabrosos peces
que nadan por ahí.

Short/ Pequeños

Fire gobies are short fish.
They are shy and like to hide.

Los peces dardo son
pequeños. Son tímidos y
les gusta esconderse.

Long/Largos

Walkingsticks are the world's longest insects. They look like twigs.

Some walkingsticks grow more than a foot long.

Algunos insectos palo llegan a medir más de un pie de largo.

Los insectos palo son los más largos del mundo. Perecen una ramita.

Short/ Pequeños

Ladybugs are short but easy to see. They are brightly colored.

Las mariquitas son pequeñas pero fáciles de ver. Son de colores brillantes.

Long/Largos

Fire salamanders have bright marks on their long bodies. The marks are a sign that fire salamanders taste bad.

Las salamandras comunes tienen marcas brillantes en sus largos cuerpos. Estas marcas son señal de que las salamandras tienen mal sabor.

Short/
Pequeños

Strawberry arrow frogs
are short but deadly.
Their skin is poisonous.

Las ranas dardo venenoso son
pequeñas pero mortales.
Su piel es venenosa.

Long/
Largos

Elephants have long
noses called trunks.

Los elefantes tienen
unas narices
largas que se
llaman trompas.

16

Gorillas have short noses
to sniff for jungle food.

Los gorilas tienen
las narices cortas
para poder oler
la comida de la selva.

Long/ Largos

Black-tailed jackrabbits have long ears.

Las liebres cola negra tienen las orejas largas.

Groundhogs have
short ears.

Las marmotas tienen
las orejas cortas.

Some groundhogs are also
called woodchucks, marmots,
and whistle pigs.

Algunas marmotas también
se conocen como perros
de la pradera.

Long/
Largos

Ring-tailed lemurs have
long furry tails.

El lémur de cola
anillada tiene
la cola peluda.

Mandrills have short stubby tails.

Los mandriles tienen unas colas cortas y levantadas.

Long/Largos

Long skinny ferrets are part of the weasel family.

Los hurones, largos y flacos, son parte de la familia de las comadrejas.

Lemmings are short animals that some weasels eat.

Los lemmings son unos animalitos pequeños que se comen algunas comadrejas.

Long/Largos

Flamingos use their long legs to wade for food.

Mientras chapotean por el agua, los flamencos usan sus largas patas para buscar comida.

Short/ Cortos

Penguins waddle from place to place with their short legs.

Los pingüinos caminan como patos de un lugar a otro sobre sus patitas cortas.

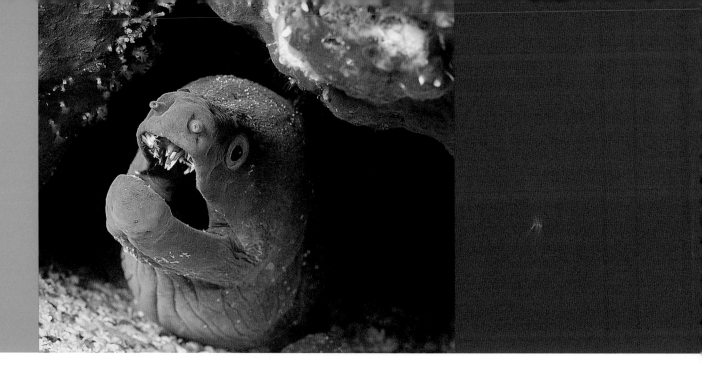

Some long animals swim in the sea.
Others stomp across the land. Some
short animals fly through the air.
Others dig tunnels underground.
What kinds of long and short
animals live near you?

Algunos animales largos nadan en el mar.
Otros caminan por la tierra. Algunos
animales pequeños vuelan por los aires.
Otros excavan túneles bajo tierra.
¿Qué clase de animales largos o
pequeños viven cerca de ti?

Did You Know?

An elephant's trunk has more than 40,000 muscles. Elephants use their trunks to breathe, smell, reach, grab, drink, wrestle, and even shower.

La trompa del elefante tiene más de 40,000 músculos. Los elefantes usan sus trompas para respirar, oler, agarrar, tomar, beber, luchar y hasta para darse un duchazo.

At almost 25 inches, a lemur's tail is longer than its whole body.

Con cerca de 25 pulgadas, la cola del lémur es más larga que todo su cuerpo.

Flamingos sleep standing on one of their long legs.

Los flamencos duermen de pie sobre una de sus largas patas.

¿Sabías que?

When a giraffe can't reach a leaf to eat, it sticks out its tongue. A giraffe's tongue is about as long as a child's arm.

Cuando una jirafa no puede alcanzar una hoja para comérsela, saca la lengua. La lengua de la jirafa es tan larga como el brazo de un niño.

Penguins are the only birds that can swim but can't fly. They use their short legs to steer underwater.

Los pingüinos son los únicos pájaros que pueden nadar pero no volar. Usan sus patas cortas para navegar bajo el agua.

Glossary

burrow — a hole in the ground where an animal lives

coral reef — an area of coral skeletons and rocks in shallow ocean water

insect — a small animal with a hard outer shell, six legs, three body sections, and two antennas; most insects have wings.

mammal — a warm-blooded animal that has a backbone and feeds milk to its young; mammals also have hair and give live birth to their young.

poisonous — able to harm or kill with poison or venom

reptile — a cold-blooded animal that breathes air and has a backbone; most reptiles lay eggs and have scaly skin.

wade — to walk through water

Internet Sites

FactHound offers a safe, fun way to find educator-approved Internet sites related to this book.

Here's what you do:

1. Visit *www.facthound.com*
2. Choose your grade level.
3. Begin your search.

This book's ID number is 9781429632508.

FactHound will fetch the best sites for you!

Glosario

el arrecife de coral — zona con esqueletos de coral y rocas en aguas poco profundas del mar

chapotear — caminar por el agua

el insecto — pequeño animal de caparazón exterior duro, seis patas, cuerpo dividido en tres secciones y dos antenas; la mayoría de los insectos tiene alas.

la madriguera — agujero en la tierra donde vive un animal

el mamífero — animal de sangre caliente con columna vertebral que alimenta a sus crías con leche; los mamíferos también tienen pelo y dan a luz a sus crías.

el reptil — animal de sangre fría con columna vertebral; el cuerpo de los reptiles está cubierto de escamas.

venenoso — capaz de hacer daño o matar con ponzoña o veneno

Sitios de Internet

FactHound te brinda una forma segura y divertida de encontrar sitios de Internet relacionados con este libro y aprobados por docentes.

Lo haces así:

1. Visita *www.facthound.com*

2. Selecciona tu grado escolar.

3. Comienza tu búsqueda.

El número de identificación de este libro es 9781429632508.

¡FactHound buscará los mejores sitios para ti!

Index

Índice

32

A+ Books are published by Capstone Press,
151 Good Counsel Drive, P.O. Box 669, Mankato, Minnesota 56002.
www.capstonepress.com

1 2 3 4 5 6 14 13 12 11 10 09

Library of Congress Cataloging-in-Publication Data
Bullard, Lisa.
   [Long and short. Spanish & English]
   Largos, cortos y pequeños : un libro de animales opuestos = Long and short : an animal opposites book / por/by Lisa Bullard.
      p. cm. — (A+ books) (Animales opuestos = Animal opposites)
   Includes index.
   Summary: "Brief text introduces the concepts of long and short, comparing some of the world's longest animals with animals that are short — in both English and Spanish" — Provided by publisher.
   ISBN-13: 978-1-4296-3250-8 (hardcover)
   ISBN-10: 1-4296-3250-X (hardcover)
   1. Animals — Miscellanea — Juvenile literature. 2. Size perception — Miscellanea — Juvenile literature. I. Title. II. Title: Long and short. III. Series.
QL49.B774918 2009
590 — dc22   2008034645

Credits

Donald Lemke, editor; Eida del Risco, Spanish copy editor; Kia Adams, designer;
   Biner Design, book designer; Kelly Garvin, photo researcher; Scott Thoms, photo editor

Photo Credits

Brand X Pictures, 26 (giraffe); Bruce Coleman Inc./Hans Reinhard, 4, 14; Bruce Coleman Inc./John Shaw, cover (penguin), 7; Corbis/David A. Northcott, 15; Corbis/Jeff Vanuga, 22; Corbis/Naturfoto Honal, 24; Corbis/Stephen Frink, 11; Corel, 27 (groundhog); Creatas, 1 (penguin), 2 (penguin), 3 (frog); Digital Vision Ltd., 1 (gorilla), 2 (elephants), 3 (gorilla), 26 (eel), 27 (meerkats); Dwight R. Kuhn, 9; Gail Shumway, 13; Getty Images Inc./Anup Shah, cover (giraffe); Getty Images Inc./Art Wolfe, 20; Getty Images Inc./Eastcott Momatiuk, 25; James P. Rowan, 12; Minden Pictures/Foto Natura/Hugo Willocx, 5; Minden Pictures/Gerry Ellis, 16; Nature Picture Library/Bengt Lundberg, 23; Peter Arnold Inc./Martin Harvey, 21; Photodisc, 1 (giraffe), 6; Photodisc/G.K. & Vikki Hart, 3 (ferret); Seapics.com/Masa Ushioda, 10; Tom & Pat Leeson, 18; Tom Stack & Associates Inc./Erwin and Peggy Bauer, 19; Tom Stack & Associates Inc./Kitchin & Hurst, 8; Tom Stack & Associates Inc./Thomas Kitchin, 17

Note to Parents, Teachers, and Librarians

This Animales opuestos/Animal Opposites book uses full-color photographs and a nonfiction format to introduce children to the concepts of long and short. *Largos, cortos y pequeños/Long and Short* is designed to be read aloud to a pre-reader or to be read independently by an early reader. Photographs help listeners and early readers understand the text and concepts discussed. The book encourages further learning by including the following sections: Did You Know?, Glossary, Internet Sites, and Index. Early readers may need assistance using these features.